To Walter, fellow poet,
with very best wishes for 1996.
Susan

D1692178

COM AS FLORES DO SALGUEIRO
Homenagem a Bashô

ALBANO MARTINS

COM AS FLORES DO SALGUEIRO

Homenagem a Bashô

柳の花に寄せて

芭蕉鑽仰

WITH WILLOW FLOWERS

In Homage to Bashô

Tradução de Masuda Goga (Japonês) e
Susan Castillo (Inglês)

Prefácio de Salvato Trigo

Universidade Fernando Pessoa
PORTO - 1995

Título : Com as Flores do Salgueiro
Autor : Albano Martins

Capa e Extratexto : desenho original de Demée
Design Gráfico : Galvão Meirinhos
ISBN 972-8184-08-5
Depósito Legal : 93891/95
Impressão e Acabamento : Gráficos Reunidos, Lda. — Porto

Do Autor

Poesia

Secura Verde, Colecção "Germinal", Porto, 1950
Coração de Bússola, Colecção "Daimon", Évora, 1967
Em Tempo e Memória, Ed. do Autor, Viseu, 1974
Paralelo ao Vento, Ed."O Oiro do Dia", Porto, 1979
Inconcretos Domínios, Ed."Nova Renascença", Porto, 1980.
A Margem do Azul, Ed. do Autor, Porto, 1982
Os Remos Escaldantes, Ed."O Oiro do Dia", Porto, 1983
Sob o Limos, Associação dos Jornalistas e Homens de Letras do Porto, Porto, 1986
Poemas do Retorno, Centro Cultural do Alto Minho, Viana do Castelo, 1987
A Voz do Chorinho ou os Apelos da Memória, Editorial Caminho, Lisboa, 1987
Vertical o Desejo, Galeria Nasoni Edições, Porto, 1988
Rodomel Rododendro, Quetzal Editores, Lisboa, 1989
As Vogais Aliterantes, in *Vocação do Silêncio*, poesia (1950-1985), Imprensa Nacional-Casa da Moeda, Lisboa,1990
Os Patamares da Memória, Limia, Colecção "Ícone", Viana do Castelo, 1990
Entre a Cicuta e o Mosto, Átrio, Colecção "O Lugar da Pirâmide, Lisboa, 1992
Uma Colina para os Lábios ("Prémio Eça de Queiroz" de Poesia/1993, da Câmara Municipal de Lisboa), Edições Afrontamento, Porto, 1993

Tradução

O Essencial de Alceu e Safo, Imprensa Nacional-Casa da Moeda, Lisboa, 1986
Cantos, de Giacomo Leopardi, Editora Vega, Lisboa, 1986
Cântico dos Cânticos, de Salomão, Cooperativa Árvore, Porto, 1988
Dez Poetas Gregos Arcaicos, Editora D.Quixote, Colecção "O Aprendiz de Feiticeiro", Lisboa, 1991
Dez Poetas Italianos Contemporâneos, Editora D.Quixote, Colecção "O Aprendiz de Feiticeiro",Lisboa, 1992

Organização de Edições

Antologia, de Eugénio de Castro, Imprensa Nacional-Casa da Moeda, Lisboa, 1987

PRETEXTO

Albano Martins faz parte daquela geração de poetas pós-presencistas e pós-neo realistas que apostam decisivamente na *economia verbal*, como forma de explosão simbólica em busca de uma semiótica do inefável. E o social? A língua é, ela própria, no dizer de Saussure, uma instituição social.

E este social da língua, que a poética de Albano Martins envolve por um notável sentido da estética, da *ekstasis*, como queria Longino -, manifesta-se particularmente pela sensorialidade metaforizada e intersemioticamente traduzida em linguagens tecidas de elementos da Natureza: estáticos ou dinâmicos, mas sempre de alto teor poiético.

O *dis-cursus* de Albano Martins, enquanto gerador de textos de largo espectro semântico, utiliza meios morfossintácticos de agradável simplicidade. A sua expressão, tensa e alegorética, manifesta absoluta crença na semiose simbólica que o leitor completará como autêntica fruição da significação do texto estelarmente construída.

Expressão tensa, naquela antiga acepção trovadoresca da *mesura*, da contenção das palavras, cujo efeito polissémico conduz à sublimação do *verbo*:

"A cúpula, a cópula.
O nome
da rosa."

(in *Uma colina para os lábios*, 1993)

Expressão alegorética, plena de aromas orientais, arrancados à memória de uma poética do *sabor* e da *ressonância* que sustenta a psicofisiologia típica da significação estética:

"Tuas húmidas
entranhas
navegáveis."

(in *Vertical o desejo*, 1985)

Poeta de formação clássica, de uma sobriedade helénica aprendida em Safo e de uma sensualidade *porfiriana* - "Se te despes, um deus / comtempla, fulminado,/ a própria criação." (in *Uma colina para os lábios*) -, a sua escrita é claramente neo-clássica, por isso, pós-moderna, com a frase recortadamente desnuda e goticamente elegante. Os atavios verbais, esses, ficam por conta do leitor, seguramente tocado por uma mestria de língua definitivamente *feminina* e *fêmea*, tal é a prenhez semântica que transporta:

"Hoje, a noite é uma açucena, cheira a trevo
e a rosmaninho.
Boca silvestre.
Sorriso adúltero."
(in *Os remos escaldantes*, 1983)

A sensualidade da escrita de Albano Martins, em obras, por exemplo, como *Vertical o desejo*, germina uma poesia severamente orgásmica, porque a libertação da significação (a genotextualidade) não é vulcânica no dizer; não é uma poesia de lava, diluviana, antes uma poesia de essência e de essências:

"Entras
em mim descalça, vulnerável
como um alvo próximo, ferida
nos joelhos e nas coxas. Pelo tacto
nos conhecemos, é essa luz
oblíqua que nos cega. E te pertenço
e me pertences como
a lâmina
à bainha, a chama
ao pavio."

....

"Horizontal
o mar,
a mor
te. Vertical
o desejo."

(in Vertical o desejo)

Escrita, portanto, erótica, no sentido mais puro e profundo deste adjectivo da vida, naquilo que esta tem de diferente da biótica, da simples organicidade functiva, a poesia de Albano Martins, a que se vem agora juntar *Com as flores do salgueiro*, tem a fecundidade própria de uma memória imaginativa, tornada mais saborosamente fértil pelo deslumbramento brasílico de um Rio de Janeiro, que tropicalizou os textos tão significativos no percurso enunciativo deste beirão nortenho como foram *A Voz do Chorinho ou os Apelos da Memória*, 1987, ou *Redomel Redodendro*, 1989, ou ainda *Os Patamares da Memória*, 1990.

Essa tropicalização, porém, não se manifesta por qualquer luxúria verbal, provocada por irrefreável semiose de momentânea paixão, mas por uma enunciação emocionada, que evoluiu para um sentimento de grande afecto aos lugares, compensatórios, aliás, da ingratidão das pessoas. Porque o poeta sabe que a solidão, mesmo que acompanhada, é a sua gramática:

"Repara. Há um rio correndo entre as falanges dos dedos. Navegá-lo-ás solitário,porque solitárias são as navegações humanas, todas,como inavegáveis são os rios, todos os rios da terra, anteriores ao mar.Onde tu vês a foz é a nascente que vês."

(in *Rodomel Rododendro*, 1989)

Gramática solitária desta *coincidência de opostos* (a foz e a nascente sobrepostas), em que Quintiliano via a excelência da função poética e Barthes o prazer ímpar do texto, a escrita de Albano Martins respira, todavia, a serenidade e a sensualidade frigocálida de uma neve que se faz "árvore, vertigem, púbere campânula de leite, mamilo e carícia de algodão", antes de transformar-se em "uma lágrima virgem" a queimar os "lábios como carbúnculos", com que os *Poemas do retorno* (1987) nos mostram este poeta de criptogramas, como ajustadamente lhe chamou Eduardo Lourenço no prefácio a *Vocação do silêncio* (1986).

Poeta viático, na acepção mais espiritual do conceito, de Pessoa heteronimizado no Bernardo Soares do *Livro do Desassossego*; de Camilo Pessanha e o culto do ritmo exímio; de Giuseppe Ungaretti e de Juan Ramón Jiménez, do *Estío*; de António Nobre e de Florbela Espanca, harmonizando a frieza geométrica da sozinhice de Leça com o calor fatal da lhaneza alentejana em que Régio é também revisto; de Sebastião da Gama, formalmente pedagógico; de António Osório, Cruzeiro Seixas, Carlos de Oliveira, Raul de Carvalho e Aureliano Lima, solidários; de Miguel Torga, de geografia literária familiar; de Ramos Rosa e Herberto Helder, na perfeição do exercício de dizer; de Carlos Nejar, na cumplicidade gaúcha de uma alumbração pelo Brasil que Vitorino Nemésio já tinha ensinado; eis Albano Martins a traços largos, para quem a poesia é, como o reafirma nestes "Hai-Kai", *Com as flores do salgueiro*, assim como "Jogo de sedução/ entre o vento e as folhas./ Prazer volátil."

Ou, como queria Barthes, a arte de "inexprimir o exprimível", que o mesmo é dizer, jogo de sedução entre palavras, instalando no nosso imaginário o prazer volátil - a *ekstasis*.

Porto, 05 de Novembro de 1995.

Salvato Trigo

As cigarras cantam
sem saberem que é a morte
que as escuta.

Bashô

Um mar azul
pintou de branco
o voo das gaivotas.

舞う鴎白く塗りたり青き海

A blue sea
painted white
the flight of seagulls.

No inverno, a árvore
pede à neve :
- Agasalha-me!

冬に木が着物着せよと雪に請う

In winter, the tree
begs the snow:
“Shelter me!”

Nem sempre a neve
cai do céu : às vezes,
explode numa flor.

雪ときに天から降らで花と笑む

Snow does not always
fall from heaven : at times
it explodes into a flower.

No bico do melro
a natureza celebra
o triunfo do verão.

炎帝の凱旋称え鳴く鶫

In the blackbird´s beak
nature celebrates
summer´s triumph.

O verão deixa,
como herança, ao outono
um leque de folhas secas.

夏秋に遺すからびし葉の扇

Summer leaves
as legacy to autumn
a fan of dry leaves.

Castanha é a cor
do sorriso
do ouriço.

栗色や微笑む栗も毬栗(いがぐり)も

Chestnut is the color
of the smile
of the bur.

Pelos corredores
do outono passam
as folhas, nuas.

木々の葉のうつろう秋の並木路

Through the corridors
of autumn pass
the leaves, naked.

O mocho traz nos olhos,
escondido, um sol. Com ele,
incendeia a noite.

木兎は目に日を隠し置き夜を照らす

The owl carries in its eyes,
hidden, a sun. With it
the night bursts into flame.

A andorinha faz
a sua casa
no vento.

つばくらめわが家つくる風の中

The swallow builds
its house
on the wind.

O papagaio sabe
que o silêncio deixa
um nó na garganta.

静かなることオームには切(せつ)なしと

The parrot knows
that silence leaves behind
a lump in the throat.

No voo raso
da calhandra mede
a sua altura o sol.

地を掠め飛べる雲雀の高さに日

In the lark´s level flight
the sun measures
its height.

Do sangue e dos músculos
da árvore faz
o pica-pau um templo.

けらつつき木の精集め堂を建つ

With the blood and muscles
of the tree
the woodpecker builds a temple.

O rouxinol não sabe
que o seu canto
é verde.

青くさき鳴きも気づかで鶯は

The nightingale is unaware
that its song
is green.

Um pássaro
no ninho : uma gaiola
perfeita.

A bird
in its nest : the perfect
cage.

Com a lâmpada das suas
asas acesas, a libélula
ignora a noite.

翅(はね)光る蜻蛉(せいれい)夜をないがしろ

With light burning
in its wings, the dragonfly
ignores the night.

Despida, à tona
da água, a rã
vê-se ao espelho.

影映る裸の蛙水鏡

Naked, on the surface
of the water, the frog
looks into the mirror.

Nas asas do grilo
improvisa o vento
as suas árias e sonatas.

かりそめに風がちゝろの歌に節

On the cricket´s wings
the wind improvises
its arias and sonatas.

Quando uma abelha
se enamora,
nasce uma flor.

うっとりと見とれる蜂に花笑まう

When a bee
falls in love
a flower is born.

Efémero
é o relâmpago, mas faz
da noite uma aurora.

稲妻の須臾なれど夜を曙に

Ephemeral
is the flash of lighting, but it
makes the dark a dawn.

No pico mais alto
da montanha a neve
é azul.

連山の最高峰に雪青し

On the topmost
mountain peak the snow
is blue.

O dia lega
à noite, em testamento,
a lua.

昼は夜に月を贈ると遺言に

The day bequeaths
to night, as its inheritance,
the moon.

Com flores
de espuma
é que o mar se perfuma.

うたかたの花に綿津見薫るなり

With flowers
of foam
the sea wears perfume.

Com as flores
do salgueiro
fez a água uma grinalda.

柳花(りゅうか)もて川のつくりし花飾

With willow flowers
the water made
a garland.

Para receber o orvalho
as flores abriram
as suas portas ao dia.

朝花は露宿さんと開きけり

To receive the dew
flowers opened
their doors wide to the day.

Amor-perfeito
lhe chamam, e imperfeito
é até no perfume.

香りさえ乏しき香菫（かおりすみれ）とは

Perfect-love [1]
- yet even its scent
is imperfect.

---

[1] Amor-perfeito (perfect-love)
is the Portuguese word for *pansy* (N.T.).

A tarde
diz ao dia :
- Boa noite!

黄昏の日に申すなり今晩 は

Evening
tells the day:
“Good night!”

Crepúsculo. Gaivotas
em repouso velam
o cadáver do sol.

夕暮や日の骸(なきがら)を守る鴎

Twilight. Seagulls
at rest watch over
the corpse of the sun.

Quando o verão
morre, as amoras
vestem-se de luto.

夏逝きて桑の実喪服纏うなり

When summer
dies, the blackberries
wear mourning.

Uma concha bivalve:
borboleta do mar,
de asas fechadas.

二枚貝翅を畳みし海の蝶

Bivalve shell:
butterfly of the sea
with closed wings.

Jogo de sedução
entre o vento e as folhas.
Prazer volátil.

風と葉の火遊びの果て儚なけれ

Flirtation
between the wind and leaves.
Volatile pleasure.

Eclipse: a lua
joga às escondidas
com o sol.

日蝕や月太陽とかくれんぼ

Eclipse : the moon
plays hide and seek
with the sun.

Dança de amor
sobre as telhas : pardais
no cio.

恋雀瓦を踏みて愛の舞

Mating dance
over the tiles:sparrows
in heat.

Juncos em movimento.
Os cabelos da água
penteados pelo vento.

そよぐ蘆風に梳（くしけず）らるゝ波

Reeds in movement.
Water´s hair
combed by the wind.

Num fruto
sazonado é o tempo
que amadurece.

熟したる果実の中に時熟す

In a fruit
in season, it is time
that ripens.

Romãs : as últimas
brasas do incêndio
do verão.

実石榴や炎夏の名残りなる燠火（おきび）

Pomegranates : the last
embers of the blaze
of summer.

Maçã - disse a criança.
E era apenas o sol
dependurado nos ramos.

児が林檎と言いしは枝に懸りし日

"Apple", said the child.
And it was just the sun
hanging from the branches.

Morango. O frágil
coração da terra
levado à boca.

口に含む苺は脆き地の心臓（ハート）

Strawberry. The fragile
heart of earth
carried to the mouth.

O mel no frasco:
exposto, para consumo,
o suor da abelha.

瓶に蜜売りに出されし蜂の汗

Honey in the jar:
exhibited, to be consumed,
the bee´s sweat.

O sonho
da lâmina: ser
ao mesmo tempo a bainha.

刃の夢は刃にして鞘の身なること

The dream
of the blade: to be
at the same time the sheath.

Afluentes
dum rio: conúbio
da água com a água.

支流とは　水と水との契りとも

Tributaries
of a river: the marriage
of water with water.

O insecto
pede à lâmpada
que lhe empreste os seus olhos.

電球に目玉を貸せと乞う火虫

The insect
asks the light
to loan its eyes.

Noite aberta : a flor
do sono inclina
as suas pálpebras cansadas.

夜に入るや疲れ葉たゝむ合歓（ねむ）の花

Open night: the flower
of sleep lowers
its weary eyelids.

Imagem da morte
é o sono, dizem. Não :
que a morte não dorme.

死は睡(すい)といえど死神眠らずと

An image of death
is sleep, they say. No :
death does not sleep.

Das estrelas só
conhecemos o nome.
A sua luz.

星を唯星と思うも光にて

Of the stars we only
know their name.
Their light.

No termo
do caminho sempre
outro caminho começa.

道の果て常に開ける別の道

At the end
of the path another path
always begins.

Mais cedo ou mais tarde
o silêncio virá
perguntar por ti.

安息のやがては汝(なれ)を尋(と)めゆかん

Sooner or later
silence will come
asking after you.

Palavra: insone
borboleta
sonora.

詩(うた)を詠む現心(うつつごころ)に舞う胡蝶

The word: insomniac
sonorous
butterfly.

Borrão azul
na brancura da página:
o poema.

青き染み紙の白きにあれば詩

Blue blot
on the whiteness of the page:
the poem.

Notas

1. Os poemas deste livro foram escritos entre 14 de Junho e 26 de Outubro de 1994. Seis deles destinaram-se ao volume *Uma rã que salta* (Lisboa, 1995), organizado pelo P.E.N. Clube Português para assinalar a passagem, em 1994, do tricentenário da morte de Bashô. Seis outros foram pela primeira vez publicados no nº0 da revista "Mensagem" (Universidade Fernando Pessoa, Porto, 1994) e outros tantos no nº14 da revista "Sol XXI"(1995).

2. O poema que serve de epígrafe ao presente volume é retirado de *O gosto solitário do orvalho* (Assírio e Alvim, Lisboa, 1986), antologia poética de Bashô organizada por Jorge de Sousa Braga.